BEI GRIN MACHT SICH IHR WISSEN BEZAHLT

Objektorientierte Programmierung am Beispiel von YouTube

Bibliografische Information der Deutschen Nationalbibliothek:

Die Deutsche Nationalbibliothek verzeichnet diese Publikation in der Deutschen Nationalbibliografie; detaillierte bibliografische Daten sind im Internet über http://dnb.d-nb.de abrufbar.

ISBN: 9783389017425
Dieses Buch ist auch als E-Book erhältlich.

© GRIN Publishing GmbH
Trappentreustraße 1
80339 München

Druck und Bindung: Books on Demand GmbH, Norderstedt Germany
Gedruckt auf säurefreiem Papier aus verantwortungsvollen Quellen

Das Buch bei GRIN: https://www.grin.com/document/1469825

AKAD

Bildungsgesellschaft mbH

Informatik – Bachelor of Science (B. Sc.)

PRG24 - Programmierparadigmen

Laborbericht

Objektorientierung

Inhaltsverzeichnis

Abbildungsverzeichnis

1. Einleitung

In der Softwarekrise Mitte der 1960er Jahre kam es erstmalig dazu, dass die Kosten für die Softwareentwicklung die der Hardware überstieg. Die Kosten für die Entwicklung und das Testen der Software stiegen exponentiell an. Das führte zum Zeitdruck, was wiederum zu Programmierfehlern und schlussendlich zu unzufriedenen Anwendern führte. Seitdem gab es erhebliche Fortschritte in der Informatik und damit auch in der Leistungsfähigkeit der verschiedenen Komponenten eines Computers. Die wesentlichen Komponenten eines Rechners sind die Zentraleinheit, das Speichersystem und das Kommunikationssystem. Die neuen Generationen der heutigen Prozessoren können durch die Parallelisierung der Aufgaben, der Multi-Threads und der Multi-Cores mehrere Ergebnisse pro Taktzyklus liefern, wodurch eine hohe Rechenleistung gewährleistet werden kann. Diese Rechenleistung kann nur genutzt werden, wenn die entsprechende Software vorhanden ist. Die Anwendung muss dementsprechend vom Programmierer entwickelt werden, wenn die freien Kapazitäten der Rechenleistung genutzt werden soll. Je nach Anwendungsfall bzw. gewünschter Software muss der Programmierer bzw. die Programmiererin wissen, welche Programmiersprache und welches Programmierkonzept sich für die Entwicklung der Software eignet. Ein Computer kann nur Software verstehen und ausführen, die durch die Verwendung formale Programmiersprachen für die Formulierung der Anweisung entwickelt wurden. [1]

1.1   Problemstellung

Die Problematik der kürzer werdenden Markteinführungszeiten mit gleichzeitig steigenden Anforderungen an Qualität, Maschineneffizienz und Flexibilität der Produktlösung sorgt für Druck bei den Softwareentwicklern. Diese greifen auf modellbasierte Codegenerierung zurück, um unnötige Ausfälle und Verzögerungen bei der Entwicklung zu vermeiden. Modellbasierte Codegenerierung wird im Internet stark beworben für zum Beispiel die Erstellung von Webseiten. Die Zuverlässigkeit der Generierungssoftware und der durch sie erstellte Code ist jedoch nicht klar.

---

[1] vgl. Kuptz, M.; Staud, Prof. Dr. Josef L., o. O., o. J., S. 77

Ebenso ist unklar, ob ohne Programmierkenntnisse mithilfe einer modellbasierten Codeerzeugung eine Software entwickelt werden kann.

1.2 Zielsetzung und Aufbau der Arbeit

Das Ziel der Arbeit ist es objektorientierte Programmierung näher zu betrachten und sie mithilfe eines Beispiels einer täglich genutzten Software zu untersuchen. Die Verdeutlichung der objektorientierten Programmierung wird anhand der Plattform Youtube untersucht. Zu Beginn wird erläutert, was die objektorientiere Programmierung ist und die grafische Darstellung der Beziehung der Klassen in einem Klassendiagram. Die verwendeten Klassen werden anschließend in Quellcode definiert und erklärt. Die für die Klassen verwendeten Daten werden in einem Klassendiagramm mit Tabellen in einem Datenmodell dargestellt. Der Unterschied zwischen einer Klasse, einer Funktion und einem Datentyp wird danach erläutert. Abschließend wird das Konzept der modellbasierten Codeerzeugung aus Klassendiagrammen und ihre Vor- und Nachteile erklärt. Dabei wird darauf eingegangen, ob die Codeerzeugung die Softwareentwicklungskenntnisse ersetzen kann.

2. Programmierung

Ein Problem kann auf verschiedenen Wegen und ebenso kann ein Softwareproblem mit unterschiedlichen Programmiersprachen gelöst werden. Dazu sind Kenntnisse der jeweiligen Programmiersprache und den dazugehörigen Vorgehensweisen erforderlich.

2.1 Einteilung der Programmiersprachen

Es haben sich über die Zeit verschiedene Programmiersprachen entwickelt, welche nach Generation und Konzept gegliedert werden können. Die erste Generation die Maschinensprachen. Diese werden als Folge von Nullen und Einsen im Rechner dargestellt und können deshalb von der Hardware sofort verstanden werden. Diese

Operationen werden auch Elementaroperationen genannt.[2] Die Assemblersprachen bilden die zweite Generation. Diese ist ebenfalls maschinenorientiert, stellt die Maschinenbefehle aber in symbolischen Abkürzungen und somit für den Menschen besser verständlich dar. Die Programmiersprachen ab der zweiten Generation benötigen vor ihrer Ausführung eine Übersetzung in Maschinensprache um von der Hardware verstanden zu werden. Bei Assemblersprachen erfolgt die Übersetzung durch einen Assembler.[3] Für die nachfolgenden Programmiersprachen der dritten, vierten und fünften Generation verwenden für die Übersetzung einen Compiler oder einen Interpreter. Die Sprachen der dritten Generation oder auch imperative Sprachen genannt, umfassen die prozeduralen problemorientierten Sprachen. Diese werden zur Lösung von kaufmännischen oder mathematisch-technischen Problemen verwendet. Sie bestehen aus einer Folge von Anweisungen, in der das Adjektiv prozedural verwendet wird. Dabei steht die Beschreibung der Prozedur zur Lösung des Problems im Zentrum.[4] Die vierte Generation ist unter dem Namen beschreibende Sprachen oder „4 GL" (Fourth Generation Language) bekannt. Sie beschreiben das erwartete Ergebnis der Programmverarbeitung. Für den Einsatz in der künstlichen Intelligenz werden die wissensbasierten Sprachen, welche der fünften Generation angehören, verwendet. Künstliche Intelligenz versucht das Wissen menschlicher Experten und natürliche Intelligenz durch Computer nachzuvollziehen und zu verarbeiten. Sie unterteilt sich in Skriptsprachen und deskriptive Sprachen.[5] Bei dem nächsten Konzept handelt es sich um die funktionalen und logischen Sprachen, die ein Problem in kleine Teile aufteilen und jedem Teil eine Funktion zuordnen.[6] Die objektorientierten Sprachen unterteilen den Programmcode in Objekte und Klassen. Ein Objekt enthält Daten und Methoden zur Verarbeitung der Daten. Abschließend gibt es noch die Auszeichnungssprachen, die die Struktur und das Aussehen eines World Wide Web Dokumentes regeln. Dies Sprache zählt nicht zu den eigentlichen Programmiersprachen.

---

[2] vgl. Henning, P. A., 2007. S. 10
[3] vgl. Henning, P. A., 2007. S. 11
[4] vgl. Henning, P. A., 2007. S. 11 f.
[5] vgl. Henning, P. A., 2007. S. 12
[6] vgl. Henning, P. A., 2007. S. 13

3

2.2 Die objektorientierte Programmierung

Die objektorientiere Programmierung brachte seit den 90er Jahren als revolutionäre Idee einen Wandel in die Softwareentwicklungsbranche. Um die Kernidee und das Konzept der objektorientierten Programmierung zum Einsatz zu bringen, ist ein Paradigmenwechsel notwendig. Im Vordergrund stehen nicht die Algorithmen, sondern die Strukturierung der Programme, also die Organisation der Software anhand der Kernidee der Objekte.[7] Die objektorientierte Programmierung versucht Teile der realen Welt mit Hilfe der Objekte im Computer als Ganzes abzubilden. Ein Objekt ist daher eine Repräsentation eines Realweltphänomens, die eine Identität, Attribute und Methoden besitzt.[8] Die Identität des Objektes kann zwar durch neue Attribute verändert werden, aber das Objekt als Ganzes bleibt immer gleich. Das Objekt besitzt einen Zustand, der durch die Werte seiner Attribute bestimmt wird. Das Verhalten eines Objektes, welches von den Methoden bestimmt wird, stellt eine weitere Charakteristik dar. Durch die Methoden kann das Objekt Aktionen ausführen und seinen Zustand ändern, sowie mit anderen Objekten interagieren.[9]

Die Programme bestehen aus einer Sammlung aktiven Objekten, die mittels Nachrichten miteinander kommunizieren. Durch die Aufteilung des Programmes in kleinere Einheiten bzw. in Objekten, ist die Wartbarkeit, Veränderbarkeit und Adaptierung der Programme einfacher.[10]

3. UML

3.1 Definition von UML

Unified Modeling Language (UML) ist eine universelle Modellierungssprache zur Darstellung sowohl statischer als auch dynamischer Aspekte in jedem beliebigen Anwendungsgebiet. Seine einfachen Notationskomponenten und präzisen Semantik ermöglichen die grafische Visualisierung der Aspekte. Dadurch ist die UML-Modellierung eindeutig und einfach nachvollziehbar. Da die UML auf die

---

[7] vgl. Pepper, P., 2006., S. 3
[8] vgl. Goll, J., 2011. S. 280
[9] vgl. Goll, J., 2011. S. 282
[10] vgl. Kecher, C.; Salvanos, A.; Hoffmann-Elbern, R., 2017., S. 20 f.

Modellierung in jeder Programmiersprache angewendet werden kann, hat sie den Vorteil, dass sie sowohl von Plattformen als auch von Sprachen unabhängig ist.

Die Modellierung umfasst die Strukturmodellierung, die Verhaltensmodellierung und die Ergänzungsmodellierung. Dargestellt werden Klassen, Assoziationen, Pakete, Komponenten usw. in der Strukturmodellierung. In Verhaltensmodellen werden Zustandsautomaten, Aktivitäten und Interaktionen abgebildet. Die Modellierung der verschiedenen Projektphasen des Systems obliegt der Ergänzungsmodellierung.[11]

Die UML wird in der objektorientierten Programmierung und zur Darstellung von Klassendiagrammen verwendet, da sie sprachunabhängig ist. Klassendiagramme gehören zur Gruppe der Strukturdiagrammen.

3.2 Das Klassendiagramm

Im Klassendiagramm werden die statischen Elemente und Attribute eines Systems sowie mögliche Beziehungen zwischen den verschiedenen Klassen dargestellt.[12] Im Klassendiagramm sind verschiedene Notationskomponenten enthalten, die zur Beschreibung und Darstellung von Systemen verwendet werden. Ein Rechteck mit Bereichen für Klassen-, Attribut- und Methodenbezeichnungen ist das erste Notationselement. Da dies die Vorgabe ist, wird die Klassenbezeichnung in der Formatierung „fett" geschrieben.

3.2.1 Attribut

Die UML-Spezifikation besagt, dass bei einem Attribut mit mehreren Wörtern der erste Buchstabe des Namens in Kleinbuchstaben und die nachfolgenden Namensfragmente in Großbuchstaben geschrieben werden sollten. Der Attributbezeichnung folgt der Dateityp und beschreibt die Eigenschaft eines Objektes oder einer Klasse.[13]

---

[11] vgl. Kecher, C.; Salvanos, A.; Hoffmann-Elbern, R., 2017., S. 20 f.
[12] vgl. Kecher, C.; Salvanos, A.; Hoffmann-Elbern, R., 2017., S. 37
[13] vgl. Goll, J., 2011. S. 288 f.

3.2.2 Methode

Die Operationen oder Dienste einer Klasse werden durch die Methoden repräsentiert. Ähnlich wie Attribute können Methoden entweder Klassenoperationen sein, die nur auf Klassenvariablen zugreifen können, oder Instanzoperationen, der Zugriff auf die entsprechenden Instanzvariablen haben. Sichtbarkeit, Name, Multiplizität und Eigenschaft gehören zu den Elementen im Methodenabschnitt, die ähnlich wie Attribute funktionieren. Ein wesentlicher Bestandteil von Operationen ist die Parameterliste, die die zur Durchführung der Operation benötigten Parameter auflistet. Im Klassendiagramm kann der Bestandteil *Rückgabetyp* verwendet werden, um den Typ eines Werts anzuzeigen, den Operationen gelegentlich zurückgeben.[14]

3.2.3 Assoziation

Die gegenseitigen Zusammenhänge und Kommunikation mehrerer Klassen untereinander ist für die Implementierung des Anwendungssystems von entscheidender Bedeutung und muss daher als solche dargestellt werden. Binäre Assoziationen, die eine semantische Verbindung zwischen zwei Klassen herstellen, sind die einfachsten Assoziationen. Eine Assoziation wird grafisch durch eine Linie dargestellt, die zwei Klassen verbindet. Auf dieser Linie können Sie beliebige Symbole oder Wörter schreiben, die zur Klärung der Zusammenhänge beitragen. Ein Assoziationsname und eine Leserichtung verfeinern die Spezifikation der Beziehung. Das Konzept der Multiplizität ist ebenfalls vorhanden und hilft beim Verständnis, wie viele Objekte einer Klasse an der Assoziation teilnehmen können. Es ist auch möglich, dass Klassen miteinander in Beziehung stehen. In diesem Szenario ist eine n-äre Zuordnung erforderlich. Der Name der Assoziation steht neben einer Raute, die als Repräsentant der n-ären Assoziation dient. Diese berücksichtigt alle Komponenten einer binären Assoziation.[15]

---

[14] vgl. Kecher, C.; Salvanos, A.; Hoffmann-Elbern, R., 2017., S. 41 ff.
[15] vgl. Rumpe, B., 2011. S. 336 ff.

3.2.4 Generalisierung und Spezialisierung

Die Darstellung von Basisklassen und der der Superklassen stellt die Hierarchieebene zwichen den Klassen dar. Sie definiert eine der Grundideen der Objektorientierung und ist eine der bedeutendsten Assoziationen. Eine Basisklasse erbt alle Attribute und Opertationen ihrer Superklassen, das heißt, dass die Basisklasse dieselben Eigenschaften und Methoden der Superklasse besitzt und diese verwenden kann. Die Idee der Erweiterung ermöglicht die Definition und Verwendung zuätzlicher Attribute oder Funktionen in der Basisklasse. Eine Basisklasse kann von einer Superklasse geerbte Opterationen ändern, wenn sie deren Anforderungen nicht erfüllen, indem sie zusätzlich zur Erweiterung dass Konzept der Überschreibung verwendet. Dabei wird der gleiche Name für eine neue Funktion verwendet.[16]

---

[16] vgl. Goll, J., 2011. S. 291

4. Klassendiagramm Youtube

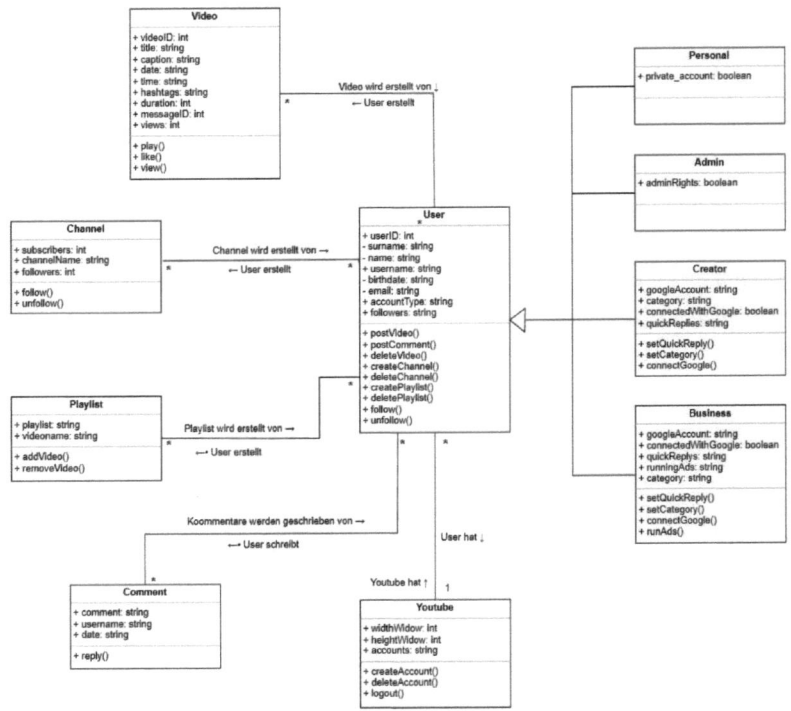

Abbildung 1: Klassendiagramm der Anwendung Youtube

Als konkretes Beispiel wurde die Anwendung *Youtube* als Klassendiagramm in der Abbildung 1 dargestellt. Das Klassendiagramm umfasst die grundlegenden Funktionen und Attribute. Da *Youtube* um einiges größer und komplexer ist als im Diagramm dargestellt, wurde sich hier auf die wesentlichen Funktionen beschränkt. Diese Darstellung besteht aus neun Klassen, von denen eine Superklasse und acht Basisklassen sind. Die Klasse der Anwendung ist die Klasse *Youtube*, welche die Software, die dazugehörigen Attribute und Methoden darstellt. Die Attribute der Klasse beschreiben die Größe der Benutzeroberfläche. Ihre Methoden ermöglichen dem Nutzer die Erstellung von Benutzerkonten, die Abmeldung und die Löschung des Benutzers. Wenn die Funktion *createAccount()* aufgerufen wird, wird ein

8

Benutzerkonto angelegt, das mit der Klasse *User* dargestellt wird. Diese Klasse besitzt mehrere Attribute, welche für die Anlage eines Benutzers angegeben werden müssen wie beispielsweise der Name, der Vorname, der Username sowie das Geburtsdatum und die vom System vergebene Werte wie die *userID*. Dem User stehen einige Funktionen zur Verfügung, die zur Erstellung von Videos, Playlisten, Channels und Kommentaren.

Die binäre Assoziation zwischen der Klasse *Youtube* und der Klasse *User* stellt klar, dass ein User eine YouTube Instanz besitzt, wohingegen Youtube einen, mehrere oder keine User haben kann. Die Pfeile erleichtern die Leserichtung der Assoziationen während die Nummer ihre Multiplizität und die Beziehung zwischen Klassen darstellt.

Um die Funktionen der Klasse *User* abbilden zu können, wurden neun Klassen angelegt. Die Methoden werden von den Usern ausgeführt und wurden in die entsprechenden Klassen geschrieben, da sie vor der Instanziierung der dazugehörigen Klasse nicht existieren. Die Klasse *Video* wird beispielsweise durch den Aufruf der Funktion *postVideo()* durch die Klasse *User* instanziiert. Die Funktion erstellt ein Objekt, welches der Klasse *Video* entspricht und die jeweiligen Attribute und Methoden enthält. Die in der Klasse *Video* enthaltenen Methoden ermöglichen dem User Videos abzuspielen, zu „liken" oder zu gefallen und anzusehen. Ein User kann beliebig viele oder keine Videos erstellen, genauso wie ein Video von einem oder mehreren Usern erstellt werden kann. Diese Assoziation ist mit einem Stern dargestellt. Das verwendete Konzept der Klasse *Video* wird auch für die Klassen *Channel, Playlist* und *Comment* verwendet, da ihre Instanziierung mittels des Aufrufs der Methoden *postComment(), createChannel()* und *createPlaylist()* erfolgt. Die Attribute dieser drei Klassen sind ähnlich der Attribute der Klasse *Video*, da alle auf der Wiedergabe von Videos basieren.

Die Klassen *Admin, Personal, Creator* und *Business* kennzeichnen die vier Kontoarten und sind Basisklassen der Superklasse *User*. Diese vier Klassen erben die Attribute und Methoden der Superklasse. Die Unterscheidung der einzelnen Kontoarten ist notwendig für die gewerbliche Nutzung von Youtube, die Administration mehrerer Channels und der eigenen Privatsphäre. Deshalb besitzen die Basisklassen *Creator* und *Business* die Methoden *runAds()* und *setQuickReply()*.

4.1 Definition als Code des Klassendiagramms Youtube

Für die Darstellung des Klassendiagramms im Code wurde die Programmiersprache Python verwendet. Der Code für die Superklasse, die Klassen und die Basisklassen sind im Anhang aufgelistet (siehe Abbildungen 2 – 11).

4.2 Datenbank für das Klassendiagramm Youtube

Die Daten des Klassendiagramms werden im Anhang in Tabellen dargestellt. Die Datenbank benötigt für die Verwaltung und Organisation der Daten Primär- und Fremdschlüssel. Die Primärschlüssel wurden unterstrichen und die Fremdschlüssel als fett markiert.

Die Abbildung 12 stellt die Organisation des Datenbankmodells für die Klassen *Youtube* und *User* dar. Die Tabelle *Accounttyp* zeigt die gewählte Kontoart des Users an. Auch die Kontoarten *Creator* und *Business* benötigen eine Kategorie zur Kennzeichnung des Primärschlüssels wie in diesem Beispiel die Tabelle *Category* (siehe Abbildung 17).

5. Klasse, Funktion und Datentyp

Bei der objektorientierten Programmierung kann es leicht passieren, dass ein Objekt mit einer Klasse verwechselt wird. Sie sind nicht gleich und stehen für zwei unterschiedliche Konzepte, obwohl sie eng miteinander verbunden sind. Eine Klasse definiert eine Kollektion von Objekten, die die enthaltenen Attribute und Methoden darstellen. Ein Objekt modelliert Attribute mit ihren Attributwerten und Methoden und stellt ein bestimmtes Objekt oder ein spezifisches Phänomen dar. Die Klasse daher die Verallgemeinerung eines Objektes und fungiert als Modell zur Erstellung einer Klasse.[17]

---

[17] vgl. Balzert, H., 2014. S. 8 ff.

Operationen sind eine weitere Komponente der Klasse, welche die Fähigkeit bzw. das Verhalten eines Objektes beschreibt. Sie definieren abstrakt die Funktionalität eines Objekts und die unterstützten Operationen garantieren den Aufruf der entsprechenden Operation mit den dazugehörigen Parametern und die Rückgabe der Ergebnisse. Die Methoden eines Objektes, die auch Funktionen genannt werden, sind hingegen die eigentliche Implementierung der Operationen.[18]

Im Klassendiagramm stehen neben den Attributen der dazugehörige Datentyp. Daten sind für die nachvollziehbaren Ablauf einer Operation unverzichtbar und haben erheblichen Einfluss auf die Arbeitsweise von Operationen, Aus diesem Grund ist die richtige Auswahl des geeigneten Datentyps von entscheidender Bedeutung, um die Verarbeitung der Methoden zu vereinfachen. Es wird zwischen elementaren und komplexen Datentypen unterschieden. Zahlen, Zeichen, Gleitkommazahlen und boolesche Werte sind Beispiele für elementare Datentypen. Diese Datentypen reichen jedoch nicht aus, um eine Software zu entwickeln. Deshalb kann der Programmierer komplexe Datentypen selbst definieren und diese zur Entwicklung der Software verwenden. Sie werden auch als zusammengesetzte Datentypen bezeichnet, da sie aus elementaren Datentypen bestehen. Beispielsweise kann ein Feld (engl.array) genutzt werden, um mehrere Datenelementen des gleichen Typs zu sammeln. Ein Verbund (engl. record oder structure) hingegen fasst mehrere unterschiedliche Datenelemente zusammen.[19]

6. Modellbasierte Codeerzeugung aus Klassendiagrammen

Ein wesentlicher Erfolgsfaktor für den Einsatz von modellbasierter Codegenerierung im Softwareentwicklungsprozess ist die Ermöglichung der Generierung des Quellcode aus dem Klassendiagramm. Der aus dem Klassendiagramm erstellte ausführbare Code spart nicht nur Ressourcen ein, sondern verbessert auch die Produktivität und Effizienz der Entwickler, da weniger Code manuell geschrieben werden muss. Desweitere ist durch die kompakte Beschreibung des Systems eine schnelle Erstellung eines Prototyps möglich. Da sie den technischen Code von der

---

[18] Lahres, B.; Raýman, G.; Strich, S., 2016. S. 77
[19] vgl. Kuptz, M.; Staud, Prof. Dr. Josef L., o. O. o. J., S. 63 ff.

Anwendungsmodellierung trennt, unterstütz die Codegenerierung die Wartbarkeit, die Weiterentwicklung der Funktionalität und die Anpassbarkeit an neue Hardware und Betriebssysteme. Die automatisierten Tests und die geringe Redundanz sich weitere Faktoren, die die Qualität der Software gewährleisten. Aufgrund der abstrakten Darstellung kann das gleiche Modell für ein ähnliches Produkt erneut verwendet werden. Dadurch wird die Entwicklerproduktivität noch weiter verbessert und die Wiederverwendung als Schlüsselkomponente der Codegenerierung etabliert. Die modellbasierte Codegenerierung ist jedoch nicht immer schnell und effektiv, da sich die Anwendungen für die Codegenerierung noch in der Entwicklung befinden und nicht alle Projektanforderungen berücksichtigen können. Beispielsweise müssen die Methodenkörper jedes Mal erneut manuell eingegeben werden, da die detaillierten Methoden eine hohe Änderungsrate erfordern. Durch diese Konvertierung von Code in Klassendiagramme und umgekehrt kann Round-Trip-Engineering zur Lösung dieses Problems eingesetzt werden. Das Ändern und Speichern von Code und Klassendiagrammen wird dadurch ermöglicht. Wenn der Entwickler Codeänderungen manuell bereitstellen muss, sei es mit oder ohne die Hilfe von Round-Trip-Engineering, besteht auch das Problem, dass das Prinzip der Abstraktion fehlt. Dies bedeutet, dass der Entwickler das Implementierungsformat der Methode kennen muss. Die modellbasierte Codegenerierung hingegen führt häufig zu einer starren Form des Quellcodes, die nicht auf die spezifischen Anforderungen des Projekts eingeht.[20] In anderen Fällen ist es auch erforderlich, plattformspezifischen Code anzupassen, Frameworks zu verwenden und Speicher- und Kommunikationstechnologien zu implementieren. Es werden hochqualifizierte Experten benötigt, da die Entwicklung und Nutzung von Codegeneratoren hohe Anforderungen an die Abstraktionsfähigkeit des Einzelnen stellen. Außerdem können Codegeneratoren nicht die Fähigkeit ersetzten, Modelle zu erstellen und Produktstrategien zu entwickeln.

7. Zusammenfassung

Das Ziel der Arbeit war es herauszufinden, ob Werkzeuge zur modellbasierten Codegenerierung verlässlich und vertrauenswürdig sind und ob diese ohne

---

[20] Rumpe, B., 2011. S. 49 ff.

Softwareentwicklungskenntnisse verwendet werden können. Während diese Werkzeuge keine komplette Anwendung aus einem Klassendiagramm erzeugen können, ist die Erstellung einer Struktur durch die modellbasierte Codegenerierung möglich.

Durch die objektorientierte Programmierung sollte jedes reale Phänomen als Objekt mit eigenen Zuständen und Verhaltensweisen dargestellt werden. Eine Klasse, deren Hauptfunktion die Abstraktion des Objekts ist, werden Objekte mit denselben Attributen und Methoden zugewiesen. Während Attribute und ihre Werte den Zustand eines Objektes beschreiben, stellen Methoden die Funktionalität bzw. Fähigkeit einer Klasse da, die eine Operation implementiert. Die Werte der Attribute entsprechen einem bestimmten Datentyp, der einfach oder komplex sein kann. Mit Hilfe eines UML-Klassendiagramms können die Klassen, Attribute und Methoden eines Objektes grafisch dargestellt werden.

7.1 Kritische Reflexion

Obwohl Werkzeuge zur modellbasierten Codeerzeugung für die Erstellung einer Struktur verwendet werden können, ist es in einigen Fällen notwendig Methoden manuell zu schreiben. Die Lösung kann der Einsatz von Round-Trip-Engineering sein, das code in Klassendiagramme umwandelt und umgekehrt. Wenn die Methoden jedoch manuell geschrieben werden, geht das Abstraktionskonzept verloren und der Entwickler muss wissen, wie eine Methode implementiert wird. Ein weiteres Problem besteht darin, dass Software nicht an die spezifischen Anforderungen eines Projektes und die plattformspezifischen Anforderungen angepasst werden kann. Daher ist es offensichtlich, dass die Tools zur Codegenerierung noch nicht ausgereift sind. Da Kenntnisse in der Softwareentwicklung erforderlich sind, ist es nicht möglich, nur Werkzeuge zur Codegenerierung zu verwenden. Die Möglichkeit Code schnell zu generieren, bietet die Möglichkeit trotz möglicher Probleme sowohl die Produktivität und Effizienz der Entwickler zu steigern als auch Kosten einzusparen. Zur Veranschaulichung wurde die Plattform Youtube herangezogen. Es muss jedoch berücksichtigt werden, dass es unmöglich wäre, die gesamte Anwendung in diesen begrenzten Rahmen darzustellen. Aus diesem Grund wurden in dieser Arbeit nur einige Funktionen vorgestellt.

Literaturverzeichnis

Balzert, H., 2014, Java: objektorientiert programmieren, Vom objektorientierten Analysemodell bis zum objektorientierten Programm, 3. Aufl., W3L-Verl., Dortmund (Informatik).

Goll, J., 2011, Methoden und Architekturen der Softwaretechnik, Vieweg+Teubner Verlag, Wiesbaden.

Henning, P. A., 2007, Handbuch Programmiersprachen, Softwareentwicklung zum Lernen und Nachschlagen, Hanser, München.

Kecher, C.; Salvanos, A.; Hoffmann-Elbern, R., 2017, UML 2.5 – Das umfassende Handbuch, Rheinwerk, Bonn.

Kuptz, M.; Staud, Prof. Dr. Josef L., o. O, Einführung in die Wirtschaftsinformatik – Software.

Lahres, B.; Raýman, G.; Strich, S., 2016, Objektorientierte Programmierung, Das umfassende Handbuch, 3., aktualisierte und erweiterte Auflage, Rheinwerk Verlag GmbH, Bonn (Rheinwerk computing).

Pepper, P., 2006, Programmieren lernen, Springer-Verlag, [New York] (EXamen.press).

Rumpe, B., 2011, Modellierung mit UML, Sprache, Konzepte und Methodik, 2. Aufl., Springer, Heidelberg (Xpert.press).

Matthias Kuptz und Prof. Dr. Josef L. Staud, (o. J): *Einführung in die Wirtschaftsinformatik – Software*, AKAD- Studienbrief WIN104, o.O

Peter Pepper: *Programmieren Lernen – Eine grundlegende Einführung mit Java*, in: Springer (Hrsg.), 3. Auflage, Berlin, Heidelberg, New York, 2007

Christop Kecher, Alexander Salvanos, Ralf Hoffmann-Elbern: *UML 2.5 – Das umfassende Handbuch*, in: Rheinwerk Computing (Hrsg.), 6. Auflage, Bonn, 2018

Anhang

```
class Youtube:
    #Overall class to manage the whole application#

    def __init__(self):
        #Initialization of the application window#
        self. width = 600
        self.height = 600
        self.accounts = []

    def createAccount (self, surname, name, username, birthdate, email, video):
        #Function to creation of a new account#
        user = User(surname, name, username, birthdate, email, video)
        self.accounts.append(user)

    def deleteAccount(self, username):
        #Function to delete an account#
        self.accounts.remove(username)

    def logout(self):
        #Function to logout#
        pass
```

Abbildung 2: Code für die Klasse Youtube

```
24  class User:
25      #Overall class to manage the users#
26
27      import random
28
29      def __init__(self, userID, surname, name, username, birthdate, email, accountType):
30          #Initialization of the user#
31          self.userID = random.randit(0,100)
32          self.surname = surname
33          self.name = name
34          self.username = username
35          self.birthdate = birthdate
36          self.email = email
37          self.accountType = accountType
38          self.follower = []
39
40      def postVideo(self,caption,hashtags,video):
41          #Function to create a new object Video#
42          newVideo = Video(self,caption,hashtags,video)
43
44      def postComment(self, comment):
45          #Function to create a new object Comment#
46          self.comments.append(comment)
47          print(self.comments)
48
49      def deleteVideo(self):
50          self.videos.pop()
51          print(f"The video has been deleted successfully.")
52
53      def follow(self, followers, userID):
54          #Function to follow another account#
55          super().__init__(followers, userID)
56          self.follower.append(userID)
57
58      def unfollow(self, followers, userID):
59          #Function to unfollow another account#
60          super().__init__(followers, userID)
61          self.follower.remove(userID)
```

Abbildung 3: Code für die Klasse User

```
64  class Personal(User):
65      #Subclass of the class User to create a specific personal account#
66
67      def __init__(self):
68          #Initialization of the subclass Personal.#
69          super().__init__()
70          self.private_accout = False
71
```

Abbildung 4: Code für die Subklasse Personal

```
class Admin(User):
    #Subclass of the class User to create a administration account#

    def __init__(self, adminRights):
        #Initialization of the subclass Admin#
        super().__init__()
        self.adminRights = True
```

Abbildung 5: Code für die Subklasse Admin

```
class Creator(User):
    #Subclass of the class User to create a specific creator account#

    def __init__(self, googleAccount, category):
        #Initialization of the subclass Creator#
        self.googleAccount = googleAccount
        self.category = category
        self.connectedWithGoogle = False
        self.quickReplies = []

    def setQuickReply(self, quickReply):
        #function to update the list of the quick replies#
        self.setQuickReply.append(quickReply)

    def setCategory(self, newCategory):
        #function to change the category of the page.#
        self.category = newCategory

    def connectGoogle(self, pageName):
        #function to connect to a Google page to Youtube#
        self.connectedWithGoogle = True
```

Abbildung 6: Code für die Subklasse Creator

```python
class Business(User):
    #Subclass of the class User to create a specific business account.#

    def __init__(self, googleAccount, category):
        # Initialization of the subclass Creator #
        self.googleAccount = googleAccount
        self.connectedWithGoogle = False
        self.quickReplies = []
        self.runningAds = []
        self.category = category

    def setQuickReply(self, quickReply):
        #Function to update the list of the quick replies#
        self.setQuickReply.append(quickReply)

    def setCategory(self, newCategory):
        #Function to change the category of the page.#
        self.category = newCategory

    def connectGoogle(self, pageName):
        #Function to connect to a Google page to Youtube#
        self.connectedWithGoogle = True

    def runAdds(self, ads):
        # Function to add a new ad to the list #
        self.runningAds.append(ads)
        print(f"we are currently running the following ads: {self.runningAds}")
```

Abbildung 7: Code für die Subklasse Business

```python
class Video:
    #Overall class to manage the Video#

    import datetime
    import random

    def __init__(self, caption, hashtags, title, messageID, duration, videoID, views=0):
        #Initialization of the Video#
        now = datetime.datetime.now()
        self.date = f"{now.year}/{now.month}/{now.day}"
        self.time = f"{now.hour}:{now.minute}:{now.second}"
        self.title = title
        self.messageID = random.randit(0,100)
        self.caption = caption
        self.hashtags = []
        self.duration = duration
        self.videoID = random.randit(0,100)
        self.views = views

    def play(self):
        #Function to play a video#
        print(f"Playing {self.title}")

    def like(self):
        #Function to like a video#
        print(f"You liked {self.title}")

    def view(self):
        #Function to count the views#
        self.view += 1
        print(f"Viewing {self.title}. Total views: {self.views}")
```

Abbildung 8: Code für die Klasse Video

```python
class Comment:
    #Overall class to manage the comments#

    import datetime
    import random

    def __init__(self, comments, username, date):
        #Initialization of the Comment#
        now = datetime.datetime.now()

    def reply(self):
        #Function to reply to a comment#
        self.comments.append(comment)
        print(self.comments)
```

Abbildung 9: Code für die Klasse Comment

```
class Channel(User):
    #Subclass of the class User to manage the channel#

    def __init__(self, subscribers, channelName, followers):
        #Initialization of the Channel#
        super().__init__(followers)
        self.subscribers = followers
        self.channelName = channelName

    def follow(self, followers, userID):
        #Function to follow another account#
        super().__init__(followers, userID)
        self.follower.append(userID)

    def unfollow(self, followers, userID):
        #Function to unfollow another account#
        super().__init__(followers, userID)
        self.follower.remove(userID)
```

Abbildung 10: Code für die Subklasse Channel

```
class Playlist(Video):
    #Subclass of the class User to manage the playlist#

    def __init__(self, playlist, videoname):
        #Initialization of the playlist#
        self.videoname = videoname
        self.playlist = []

    def addVideo(self, playlist, videoID):
        #Function to add a video to the playlist#
        super().__init__(videoID)
        self.playlist.append(videoID)

    def removeVideo(self, playlist, videoname):
        #Function to remove a video from the playlist#
        self.playlist.remove(videoname)
```

Abbildung 11: Code für die Subklasse Playlist

Instagram

ID	UserID
1	42
2	58
3	62
4	87

Accounttyp

TypeID	Typ
1	Admin
2	Personal
3	Creator
4	Business

User

userID	Vorname	Nachname	Username	Geburtsdatum	Email	TypAccount
42	Max	Kammerbauer	@max_K	29.06.1994		1
58	Julia	Schweiger	@julia	03.11.1987		4
62	Nina	Fuchs	@Füchsin	27.06.2005		3
87	Christoph	Lustig	@lustigC	01.04.1993		2

Abbildung 12: Datenbankmodell für die Klassen Youtube und User, sowie die Organisation der Kontoarten

Video

videoID	userID	Datum	Uhrzeit	Title	Caption	Hashtags	Anzahl Likes	Anzahl Comments	Duration	Comments
158	58	11.07.2023	17:52:11	Meditation am Morgen	Vormittasmeditation	#ruhe	10	5	15:42	sehr beruhigend
213	87	11.07.2023	17:52:12	Neue Subwoofer	Veranstaltungstechnik	#music	25	10	05:21	Super Sound
335	62	11.07.2023	17:52:13	Neuste Marketingstrategie	Werbemittel	#werbung	4	0	21:02	

Abbildung 13: Datenbankmodell für die Daten der Klasse Video

Channel

channelID	videoID	Channelname	Subscribers	Follower
6	158	Zur Ruhe kommen	35	40
21	213	PA and Light	87	70

Abbildung 14: Datenbankmodell für die Daten der Klasse Channel

Playlist

playlistID	videoID	Playlistname	videoTitel
2	335	Marketing	Neuste Marketingstrategie
5	213	Basslastig	Neue Subwoofer

Abbildung 15: Datenbankmodell für die Daten der Klasse Playlist

Comment

commentID	videoID	userID	Datum	Uhrzeit	Comment	Likes
9	158	325	12.07.2023	10:25	SuperSound	10
2	213	112	12.07.2023	11:02	sehr beruhigend	2

Abbildung 16: Datenbankmodell für die Daten der Klasse Comment

Comment

commentID	videoID	userID	Datum	Uhrzeit	Comment	Likes
9	158	325	12.07.2023	10:25	SuperSound	10
2	213	112	12.07.2023	11:02	sehr beruhigend	2

Admin Account

UserID	TypID	Admin
42	1	False

Personal Account

UserID	TypID	Private
87	2	Yes

Creator Account

UserID	TypID	Connected With Google	Google Page	CategoryID	Quick Replies
62	3	True	Ninas Marketing	3	Hi, ich bin Nina :)

Business Account

UserID	TypID	Connected With Google	Google Page	CategoryID	Quick Replies	Ads
58	4	False	-	2	PA und Licht Bedarfe	-

Category

ID	Category
1	Freizeit
2	Technik
3	Dienstleitungen
4	Kosmetik

Abbildung 17: Datenbankmodell für die Daten der Klassen Admin, Personal, Creator und Business